KOŠTANA

BORISAV STANKOVIĆ

Copyright © 2020 books.meraleap.com

All rights reserved.

ISBN: 978-1-7774851-0-8

SADRŽAJ

PRVI ČIN   1

DRUGI ČIN   14

TREĆI ČIN   35

ČETVRTI ČIN   54

LICA:

Hadži Toma

Stojan, sin mu

Arsa, predsednik opštine

Mitka, brat Arsin

Marko, vodeničar Tomin

Policaja, starešina nad pandurima

Pandur

Kmet Ciganski

Grkljan, Ciganin, svirač, otac Koštanin

Kurta, ciganski pandur

Kata, žena Hadži-Tomina

Stana, kći Hadži-Tomina

Vaska, kći Arsina

Koca, drugarica njina

Koštana, Ciganka, pevačica i igračica

Salče, mati joj

Vranjanci, Cigani, Ciganke, panduri. Vranje. Sadašnjost..

PRVI ČIN

Velika prostrana gostinska soba Hadži-Tomine kuće.

Otvorena dvokrilna staklena vrata, a s leve i s desne strane široki prozori sa drvenim rešetkama. Kroz njih se vidi balkon sa svojim u bojama i rezbarijama drvenim stubovima. Oko balkona i prozora puža se loza i divlja ruža. Iza njih nazire se bašta, ulični zid sa velikom dvokrilnom na svod kapijom i ceo kraj varoši sa razasutim krovovima kuća, prorešetani vrhovima i granama drveća iz bašta. A to sve nadvišuje stari krov saborne crkve na kome se blista zlatan krst.

Zidovi sobe su u »dolapima«, uzidanim ormanima, za čuvanje prazničnog odela. U uglu sobe je manji ikonostas sa zapaljenim kandilom, opkoljen srebrnim i zlatnim hadžijskim jerusalimskim ikonama i ikonama iz Svete Gore, Rila, Peći. Oko ikona kite suvog bosiljaka od škropenja svetom, krštenom vodom, i venčići od duhovskih crkvenih trava. Pod je zastrt velikim ćilimom sa vezenim Solomonovim slovima. Oko ćilima, uza zid, minderluci, pokriveni dugačkim ćilimom i jastucima crvene boje, t. z. »čupavcima«. Po zidovima, između prozora, obešeni razni zlatom, srebrom i srmom vezeni peškiri. Tavanice išarane krugovima od raznobojnih rezbarija iz čijih sredina vise veštački izrađene kriške lubenice, dinje i međ njima povešano suvo grožđe i žute dunje sa uvelim lišćem. Iznad prozora svuda rafovi prepuni poređanih sahana, srebrnih poslužavnika i zarfova za šolje od kafe. Dan se smiruje. Po ćilimu igra klonuo sunčev zrak. Sa ulice dopire svirka, graja.

U sobu rupi puno devojaka kličući, pevajući i igrajući. Neke uzele tepsije mesto dahira; neke šolje od kafa mesto čampara, udarajući u njih.

KOŠTANA

VASKA

(ide ka suprotnim vratima vičući):

Stano, hodi i ti ovamo. Hodi da igramo i da pevamo.

OSTALE DEVOJKE

(odlazeći igraju i pevaju):

> *Šano dušo, Šano, otvori mi vrata,*
> *Otvori mi, Šano, vrata, da ti dam dukata.*
> *Izgore me, Šano, mori, tvoja lepotinja,*
> *Tvoja lepotinja, tvoja krasotinja,*
> *— Oh lele, lele, izgoreh za tebe.*

VASKA

(zadržava Kocanu, golicajući je i štipajući): Ovamo ti!

KOCA

(otimajući se od Vaske, ali već razdragano, strasno): Pusti me, Vaska! Jao, ne stiskaj!.. Boli me, Vaska, boli!

VASKA

(vuče je k sebi i ljubi): Čekaj ti, čekaj! Gle, kako se ona raskrupnila? Ovamo! *(Privlači je i ljubi).*

KOCA

(cikne držeći se za obraz): Jao, izede me! — Ala si ti, Vaska! A ne znaš kako boli!

VASKA

(oko nje): Jest, boli. A kad bi te on mesto mene?... *(Pokazujući joj na obraz):* Kad bi te on poljubio, onda?...

KOŠTANA

KOCA

(zapušavajući Vaski usta, uplašeno zvera oko sebe): Ćuti, slatka, čuće ko!... *(Odlazi bežeći.)*

Ulazi Stana.

VASKA

(prilazi Stani i hoće da je povede): Hajde i ti, Stano, sa nama da pevaš i da igraš. Niko nas neće moći gledati. Sami, kod nas i u našoj bašti igraćemo.

STANA

(otimajući se): Neću, Vaska, neću! *(Plačno):* Sami smo kod kuće. Otac ljut, prek...

VASKA

(prekorno): Hajde, Stano! Što si takva?

STANA

(odlučno): Neću, ne!

Iz bašte se čuje pesma i igra.

STANA

(slušajući im pesmu, briše suze).

VASKA

A što plačeš?

STANA

Pa kako da ne, Vaska?... Eto, vi svi pevate i igrate, *(okreće se uplašeno oko sebe)* a ja sama! Nigde nikoga kod kuće nema. Ni otac, ni brat. Otac, već znaš, ljut, besan. A bata, on nikako i ne dolazi. Sve tamo, s tom Koštanom...

VASKA

A što? A tebe zbog njega strah?

STANA

Strah me!

Na ulici graja, pesma.

STANA

(pokazuje Vaski): Eto v'iš... A tamo, s njima, i on je.

VASKA

(jetko): A, za njega, ne boj se! Ništa njemu neće biti.

STANA

Jest, ništa. *(Pogleda na ulicu, odakle se čuje pored pesme i svirke i po neki pucanj iz pušaka.)* Kako ništa, kad eno i puške bacaju!

VASKA

E, kakve puške! Samo neka im ona, Koštana, zapeva, pa ne samo puške, već će i glave pobacati. A naročito on, naš brat, krasan naš brat!

STANA

(braneći ga): Pa nije, Vaska, samo on kod nje. Svi su tamo.

VASKA

Jest, svi. A što on da je? E, kad on ne bi bio, onda ko bi njoj po tri para haljina krojio i ne dukatima već dublama je kitio?

KOŠTANA

STANA

(uplašeno, da ko ne čuje): Ćuti, Vaska, ćuti! Znaš dobro kakav je otac, pa još neka i za to čuje...

VASKA

E, nije on do sada već sve čuo.

STANA

(uplašeno): Misliš zar i za one svilene haljine, što pričaju da joj dao? *(Vatreno):* A nije tako, Vaska! Otkuda bati toliki novac, kad otac kesu uvek sobom nosi? Lažu oni, lažu! Nego znaju kako je otac prek, pa jedva dočekali da batu kod njega ocrne.

VASKA

(s dosadom): Ćuti, molim te! Ceo svet laže, samo on, tvoj brat Stojan, ne laže. *(Jetko):* Evo, mi smo mu sestre, ti čak rođena, pa šta nam je za

ovaj praznik dao i čime ponovio? Ništa. Ni »zelen list«.

STANA

(zamišljeno, za sebe): A, poklon, dar!... Neka je on samo ovde, kod kuće, a to!...

VASKA

Jest. A Koštanu može da kiti.

STANA

Opet ti, Vaska... Ama nije!

VASKA

Pa, za Boga, kako da nije? Eto, sam moj otac to kaže. Sam on priča. Kad god je tamo išao da ih rastera, on uvek zaticao i njega i zato se vraćao. Nije hteo da ga silom, s pandurima, otrgne od nje, da ga sramoti, a s njime i sve nas, celu kuću. Koliko se puta otac noću dizao, išao s pandurima. A tamo, kažu, sada čovek ne sme ni da priđe. Pesma, oro, puške! Pa i krv često legne.

STANA

(uplašeno): Jao, Vaska, jao! Zato majka cele noći sedi. Nit uzdiše, nit plače. Samo sedi, čeka. Boji se da ne čuje, kako ga krvava donose. *(Plačno)*: A njega, bate, baš nikako nema... *(Na stepenicama čuju se oštri koraci i kašljanje.)* Eto oca!

STANA i VASKA

žurno izlaze.

Ulazi Hadži Toma.

TOMA

(ljut, prek. Od jeda kida brojanice, te rasuta zrna prskaju po sobi i oknima prozorskim. Zabacujući koliju, ide po sobi predišući):

Ja!?... Ja!?... I on to? I on kao drugi! »Mladost-ludost!« A zar ja ne beh mlad? Beh valjda slep, sakat, te me ni jedna ne pogleda i pamet mi ne pomeri. Zar ja ne?... Otkad oženjen, hadžija već, pa ne smem u mehanu da uđem. Bojim se, videće me stariji, trgovci, ljudi... Ne žalim što troši, rasipa. Srma, svila neka je na njemu. Eno, hat mu leži. Sluge ga jašu, da ne oslepi od siline. A što on da ga ne jaše? Zar nema gde da izjaše? Čifluci, vinogradi, njive, livade... Da jaše — beg da je! I meni da je milo. Za koga ja tečem? Za koga ovako star sedim tamo u brdima, u hanu?... I evo, ako jedanput u godini siđem ovamo, dođem da se na ovaj sveti dan Bogu pomolim, u veru da uđem, s prijateljima da se vidim, razgovorim, odmorim... da vidim njih, decu, dom, kuću svoju. *(Besno)*: A ono? Koga imam da vidim? Njega, s Cigankama po mehanama; i nju, majku, što samo plače i kuka... *(Gnevno)*: Ah! *(Viče ka vratima)*: Ovamo!

Ulazi uplašeno Stana.

TOMA

Gde ti je majka?

KOŠTANA

STANA

(vraća se): Sad će, oco! *(Viče):* Nano!

Ulazi Kata.

TOMA

Gde ti je sin? Sin tvoj?

KATA

(snebivajući se): Pa... ti znaš...

TOMA

(besno): Ne znam! I ništa neću da znam! Ti si mu majka, ti si ga rodila! A šta ti znaš? Kad si i ti nešto znala? Nikad! Ništa! Od koje si familije? »Motikarke«! Ko ti beše ded, otac? Zar si ti bila za ovakvu hadžijsku, domaćinsku kuću?

KATA

(bolno, prekorno): Oh, čoveče...

TOMA

(ustremi sena nju): Ćut! Sad te zaklah! Usta da imaš, a jezik da nemaš! Ti! Takvoga sina imaš.

KATA

(pogruženo odlazi, kršeći ruke): Crna ja!

TOMA

»Crna!« A zar kadgod beše bela, sreća kakva? Od kako si, takva si. I rodila si se takva! Stara, mrtva, ledena, plačna... Nikad se ne nasmeja, nikad ne zaradova! *(Ka vratima kuda je Kata izašla):* Šta se ovde po kući samo vučeš i plačeš? Tamo idi! Idi u cigansku mahalu. Idi da vidiš sina, kako Ciganke oblači i »beli svet« poji i hrani...

KOŠTANA

Dolazi Arsa.

ARSA

(zdraveći se): O, hadžija, Hristos voskrese i srećan ti dan!

TOMA

(prekida ga gnevno): Eto ti tvoja Srbija! A za vreme Husejin-paše takve su se na četiri konja čerečile. A sad? Ciganima carstvo došlo! — Zar ja ovo da dočekam?!

ARSA

(začuđeno): Šta, za Boga?

TOMA

To! Zar da mi na ovaj blagi dan, kada se i gora i voda veseli, moja kuća plače!

ARSA

(dosećajući se): A, za to, nemoj za to toliko! Zašto?

TOMA

Zato, što me rasplakao moj sin — nesin! Što mi se kuća raskućila, te ne smem da pogledam u oči čoveka, domaćina; što me... A da ga nemam, bar znam. Ovako: imam ga i nemam. I zaklaću ga kao vrapca! Neka se zna, da je Hadži Toma hadžija, a ne da hrani i čuva... *(Trza se, Arsi):* A što ti stojiš? Sedi! *(Viče):* Sveću!

ARSA

A, ne! Kakvo sedenje? Znaš da mesta nemam dok ovaj praznik ne prođe, ovi — ne sveti, nego, Bože mi oprosti — ludi dani.

Ulazi Vaska unoseći sveću u zlatnom čiraku.

ARSA

(Vaski): Vaska, idi ti kući, kćeri, i nađi se kod majke, te dočekujte goste. A onom Stamenku kaži: živ da me ne čeka, ako i on sada ode od kuće i zapije se. Tu da je! Kod kuće! Stoku neka gleda i čuva.

VASKA

Hoću, oco. *(Odlazi.)*

TOMA

(za sebe): »Gosti... kuća... stoka«... A moje? Sve ode. I idi, pa mu se raduj kad se rodi. Od ovolicno, *(pokazuje rukom)* od »mrvu mrvku« hrani ga, čuvaj, gledaj, da, kad se umire, ima ko oči da ti zaklopi, sveću zapali, da ti se dom, ognjište ne ugasi... A ono?! *(Gnevno):* Eno ga! S Cigankama! Ni oca, ni mater, ni Boga, nikoga ne vidi i ne sluša... More, što kamen ne dobih, nego njega, sina?!

ARSA

Nemoj toliko, hadži! To je. Sad, šta ćeš mu?

TOMA

(uzdržavajući se): Ništa! Ti — ništa!

ARSA

(uvređeno): Pa šta mogu ja? Zanat joj je to? A ona to s majkom i ocem radi. Sviraju — šta drugo i mogu oni, Cigani? A da je ona žena, hajde de. Ali ovo je devojka. I poštena. Što je pravo, pravo. Svi dušu nosimo. Ali za to...

TOMA

Eh, poštena: Sigurno radi njenog poštenja toliko se besni i trči oko nje.

ARSA

Ništa ti još ne znaš, hadži! Oni mladi, pa već čovek i da se ne ljuti. Ali što za ove druge, starije, domaćine! Ostarelo, kleklo, pa kad se s njom

KOŠTANA

nađe pobesni! Eno: Maksim, Zafir, Stanko, svi... A za onoga moga Mitku, za njega već — on se lud i rodio.

TOMA

More, šta sad: Maksim, Mitko! Šta ovaj, šta onaj? Ovo, ovo ti meni kaži: Zar ja na ovaj sveti i Božji dan, pa ovakav da sam?!

ARSA

Ama i meni nije lako! Ne znaš ti. Pored opštine i kuća mi puna. Te ovaj, te onaj došao. Mehandžija došao. Glavu uvio, ruke obesio. Piće mu sve istočeno. Tavan, prozori, sve kuršumima izrešetano. I veli: »Još su tamo!« A ja koga da pošljem? U koga da se pouzdam? Koga imam?

TOMA

Nikoga! Sve živo pomrlo!...

ARSA

Pa koga? Zar Tasu kmeta? On, ako ode tamo, ili sve na mrtvo ime isprebija, ili i sam s njima zasedne, pa onda još veći lom, još veća muka. A pandura ako pošaljem, oni ga izbiju; a već policaju ni da pogledaju.

TOMA

Vlast!...

ARSA

A ja šta da radim? Kome da sudim? Njima ili njoj? Ako bih njih od nje silom odvukao, u zatvor ih metnuo? Ne ide. Svi su to naši, moji, tvoji. A nju? Jedanput je proterah u Tursku. I dok se duvan ne sredi, vinogradi ne obraše — lepo, sve mirno! Ali čim nastupiše ovi praznici, ove slave, ove mesnice, čim se napiše, odmah pređoše u Tursku i dovedoše je! Oteli je, pobivši se s Arnautima. Čitavu bunu digli na granici, dok je ugrabili. I dovedoše je! Sad, šta ću?

TOMA

(plane): Pa ubij! Zar za njih, Cigane, jošte muka? Pa ja, u tursko vreme, po deset od njih da na jedan kuršum nanižem, pa još tada oko da mi ne mrdne, a kamo li sada...

ARSA

Eh, nemoj to! Prošlo je to vreme. Nego, ovo će valjda trajati dok je ona devojka; a posle, kad se uda, neće valjda toliko za njom trčati.

TOMA

Pa što se ne uda? Što ti to... Silom! Zašto si vlast?

ARSA

(pravdajući se): Pa to i radim. Gledam. Svakog dana govorim onom njihovom kmetu i pretim mu. »Neće«, odgovara on. »Ona nas, Cigane, i ne gleda«. TOMA

A, neće?

ARSA

Neće. Eno, Alilov sin, Asan; otac mu, Alil, bogat, »na parama leži«, i hoće je. Prosi je toliko puta!

TOMA

Pa što ti, bre, to ne?... Kakva si ti vlast, kad ne možeš? More, i tebi je ona pamet zavrtela.

ARSA

Ama, brate, ne mogu sve sam, razumi! Treba to svi; ne mogu ja sam. *(Sa ulice još veća graja, svirka, pesma i pucnji pušaka.)* Eto, čuj! Već počeli i iz pušaka.

MITKA

(spolja): Sablju, mori, i pušku! Konja, Dorču mi izvedi! Dorčo, sine mrtvi, noćas ćemo ja i ti... aah! *(Bat konjski.)*

KOŠTANA

U sobu rupi policaja.

POLICAJA

(zaduvan, baca štap pred Arsu): Evo, gazdo! Evo ti štap, i vlast, služba, i sve! Ne mogu više! Idem i ja! *(Polazi.)*

ARSA

Kuda?

POLICAJA

Idem. Ne mogu. Nije ovo jedno. *(Očajno širi ruke):* Ovo je na sve strane!

ARSA

Pa zašto imaš ruke? Udri! Kamo ti panduri?

POLICAJA

Kakvi panduri? Pošljem ga, a on izvrne pušku, pa i sam s njima zasedne. I onda šta ja mogu? Evo, Ristu bojadžiju — ne silom, već molbom, i to kakvom molbom, jedva ga odvedoh kući. Napio se. Iz mehane izneo sto nasred čaršije, pa zaseo i psuje: i tebe, gazdo, i načalnika, pa čak i mene, i sve. *(Tomi):* A sad, hadžijo, tvoj sin ode s Koštanom u Sobinu. I što će sad tamo tek da nastane!...

ARSA

Eto, hadži, i vidi! Pa sad? Šta da radim? *(Policaji koji polazi):* Čekaj ti. *(Tomi):* Zbogom, hadži! *(Odlazi.)*

Graja se već sasvim izgubila u daljini. Veče pada.

Čuje se pesma:

Slavuj-pile, ne poj rano,
Ne budi mi gospodara;
Sama sam ga uspavala,

KOŠTANA

Sama ću ga razbuditi:
Otići ću u ćul-baštu,
Uzabraću struk zumbula,
Šinuću ga po obrazu:
— Ustaj, ago, ustaj, drago!

TOMA

(strese se): Ah, sinko! Zar ovakav Božji, mili, sveti dan, i ja ovako da ga dočekujem. Ne, sinko! Nećeš ga ni ti da zaigraš i da zapevaš! *(Odlazi i viče)*: Hata mi sedlaj!

Ulazi Kata.

KATA

Šta se od moje kuće ovo načini? Oh, Gospode, što mi ovoliko crno dosudi i pisa? *(Kune)*: Oh, sinko, sinko, suza te moja ne stigla. O, prokleta Ciganko! Oh, sinko, što za nju kuću ostavi, što majku osramoti? Što se u nju zagleda — oči joj ispale! Što te omađija — usta joj otpala!... Oh, Gospode! Čime te, Gospode, naljutih?... Koga naružih, koga ogovorih, koga sirotog ne nahranih i ne napojih; kome loše pomislih te mi ovoliko, Gospode, crno, crno dosudi? — Zar majka rodila, čuvala, pa sad majka ne valja, a ona, Ciganka, dobra?... *(Odlučno)*: Da kunem, oh, da kunem! *(Skida šamiju, ide pred ikonu, kleči i kune)*: Sinko, da Bog dâ... ti mene ostavio, osramotio i na ovaj Božji dan rasplakao, a tebe da Bog dâ, da Bog... *(Stresa se)*: Oh, ne! Čekaj, bob da mu bacim! Da vidim šta mu stoji. *(Odlazi i brzo se vraća sa sitom. Preokreće ga i stavlja nasred sobe. Klekne, i nagnuta nad njim počne po njemu da razmeće zrna. Mesečina jako prodrla u sobu. Okreće leđa mesečini.)* Oh, ova mesečina! *(Vrača, razmeštajući zrna)*: »Postelja mu prazna, put dalek i krvav«! *(Preneražena odgurne sito)*: Ne, Gospode! Ne krv! Molim ti se, Gospode! Ništa njemu da ne bude, a sve na moju glavu! Sin mi je, čedo! Što rekoh da ne bude! Usta mi otpala, usta što izrekoše...

DRUGI ČIN

Sobina, predgrađe vranjsko. U prostranom dvorištu vodenica od trošnih zidova, pobelelih od brašna. Oko nje, već zarasli travom, razlupani i truli vodenični kamenovi između kojih se vidi jaz vodenični, u kome prska i šumi voda. Sproću vodenice kućica sa doksatom. Na sredi dvorišta »ćutuk« i kameno korito od stare, presušene česme. Na kapiji stoji obešen fenjer, koji zajedno sa mesečinom osvetljuje vodenicu i oko nje tamnu goru, čija se debela, mrka kestenova stabla crno ocrtavaju.

Iz daljine počinje da dopire svirka i pesma.

Na stepenicama od kućice sede Marko i Magda, osluškujući.

Svirka i pesma burnija i sve bliža. Počinje da se razabiru dahire, zvon čampara i pesma:

Kraj Vardar mi stajaše,

T'nke puške frljaše.

MARKO

(odlazi ka kapiji i vraća se radostan):

Gazda, gazda!

MAGDA

(polazi ka kapiji): Koji?

MARKO

Mlad, mlad!

MAGDA

Slatko moje dete, seća se ono dade svoje!

Uz pesmu, svirku, ulaze Koštana, Stojan, Salče, Grkljan, i ostali.

KOŠTANA

(pevajući i igrajući):

Kraj Vardar mi sedeše,
T'nke puške frljaše.
— Ja ne žalim snagata,
Žalim srmali jelek,
Haj, haj, srmali jelek!

STOJAN

(Magdi): Dado, Hristos voskrese i srećan ti dan! Ali, da se ti ne ljutiš što ja ovako dolazim?

MAGDA

(grli ga): Čedo moje! Pa ti si nam gazda, sinko, šta mi protiv imamo.

MARKO

(ljubeći Stojana u ruku): Srećan ti dan, gazdo.

STOJAN

(pokazujući na kuću): Tamo! Unutra! Kod dade! I njoj je sada Uskrs i svetao dan. *(Grleći Magdu):* Ovo je moja druga majka, njezino sam mleko sisao.

KOŠTANA

MAGDA

(razneženo): Slatko moje dete, kako mi ono sve zna. *(Razdragano Koštani):* Pevaj, kćeri! Pevaj, i baba ima bakšiša.

SALČE

(Koštani, koja gleda oko vodenice u drveće, goru): Kosa ti se zamrsila. *(Opravlja joj kosu i odelo.)*

KOŠTANA

(zabacuje kosu): Neka se mrsi! *(Magdi):* A, je li, tetka... *(Pokazuje na goru.)* Šta je tamo? Gora?

MAGDA

Gora, kćeri!

KOŠTANA

(radosno se unosi, da što bolje gleda u goru): A je li to ta gora za koju se peva: da je golema, pusta, tamna gora?

MAGDA

Ta je, kćeri.

KOŠTANA

(propinje se na prste, da bi, preko zida, mogla što bolje da gleda. Duboko udiše i miriše): Ala miriše gora! *(Magdi):* A je li to ta, tetka, gora, što po njoj nekada komita četu vodio? I mnoge majke ucvilio, rasplakao, u crno zavio, a najviše majku Jovanovu? Sina, jedinca, Jovana joj zaklao. Pa... majku, oca, sestre, sve ih naterao da igraju i da pevaju. — Otac igrao i plakao:

Jovane, sine, Jovane,
Ti si mi, sinko, prvenac!

I majka plakala:

Jovane, sine, Jovane,
Ti si mi jagnje đurđevsko!

I sestra plakala:

Jovane, brate, Jovane,
Ti si mi cveće prolećno!

(Uzrujano): Je li to, tetka, ta pusta, tamna, golema gora?...

MAGDA

(brišući oči): Nije, kćeri, nije! Nije to ta gora! A nemoj tu pesmu. Drugo, veselo pevaj! »Lošo je« da se sad plače.

STOJAN

(sa čardaka): Košto, pesmu!

KOŠTANA

Koju?

STOJAN

Pesmu, kao što je tvoje lice, grlo, kose ruse...

KOŠTANA

(zaradovana): Eh, zar baš *ruse* kose?

STOJAN

Ruse, meke, još ne zamršene!

KOŠTANA

(peva):

Mirjano, oj Mirjano,
Imaš ruse kose, Mirjano!

KOŠTANA

Daj da gi mrsim ja,
Daj, Mirjano, daj, daj!
Ulazi Mitka, vodeći za sobom konja.

MITKA

(Marku): Je li toj Hadži Toma, bre?!

MARKO

Nije on, gazda Mitko, nego je mladi gazda.

MITKA

(zabacuje uzdu konju o vrat): S'g će batka da se vrne. Neće mnogo da mi te ostavi. Tiki, samo da nadzrnem. *(Za sebe.)* A i mnogo nećem jošte da živim! Četiri, tri, dve — najviše još polovin godinu. U jesen, slunce kad počne da kapnuje, t'g ću i ja da si umrem. Zajedno, ja i slunce će si idemo! *(Čuje se konjski bat i rzanje.)* Ja! Zar te je žal, bre, za mene? Eh, Dorčo! Hoćeš šićerč'k. Ima batka za tebe. *(Vadi iz pojasa šećer i pruža konju.)* Na, Dorčo! Na, sinko!

KOŠTANA

(peva na čardaku):

Mirjano, oj Mirjano,
Imaš čarne oči, Mirjano!
Daj da gi pijem ja,
Daj, Mirjano, daj, daj!

STOJAN

Dado, umreh ti!

MITKA

(ostavlja konja koga Marko odvodi i penje se čardaku, nabijajući fes na oči): Eh, Koštan, bre! Živa rano, bre! *(Plačljivo.)* Plači, Mitke, plači! *(Trza se.)* Ali ne! S'g na ovaj dan ni loša misal ne pada, a kamo li sluza. S'g na Voskresenije gora i voda se veseli. Tiki ja sam si nešto mnogo žalan. Od grobje idem. Na pobratima sveću zapali, pa zar se mnogo ražali? Polovin čovek bidna! I još

k'd nju čujem, njojnu pesmu i njojno grlo — ete, dori pupak me zaboli. *(Penje se na čardak. Besno Salčetu):* Salče, stara đidijo, mori! Vidiš li? A »naše« k'd beše? K'd mi ovakoj mladi i ubavi besmo? Sviri, more, i poj, zašto će te ubijem? Će te zakoljem, samo da te ne gledam tako staru i zbrčkanu. De, onuj našu, staru, mekamlijsku: kako za mladost i lepotinju srce gori i izgori...

STOJAN

(posrćući, silazi sa čardaka i tare usta): Usta mi izgorešе!... Oh!

KOŠTANA

(silazi za njim; i brižno oko Stojana): Bolestan si? Da ne sviramo i ne pevamo više? Ho ćeš, a?

STOJAN

Daj da te ubijem!

KOŠTANA

Zašto?

STOJAN

Zato... zato što te volim, a ne smem da te volim.

KOŠTANA

(srećna, iznenađena, grca): Ne, Stojane! Nemoj da me...

STOJAN

(upada): — lažeš! Ah ne lažem te, Košto! Sve bih ti dao. A i sada, evo, sve da ti dam! *(Vadi sahat, kesu, ćilibarsku muštiklu.)* Na!

KOŠTANA

(odbijajući): A ne, ne! Neću to od tebe! Neću od tebe novaca! *(Sa svoga vrata odvezuje nizu od dukata i daje mu.)* Evo ja... ja ću tebi da dam.

KOŠTANA

STOJAN

(grcajući): Usta mi daj! *(Privlači je.)*

KOŠTANA

(trza se, odriče glavom): Ah, ne!

STOJAN

(rukom za njena prsa): Grudi!

KOŠTANA

(beži ka materi): Aman, ne!

MITKA

(sa čardaka): Grkljan, Koštan kude je? Vikaj gu, bre, i sviri vu da dođe i da mi poje, zašto ako njuma nema, sve će da ve potepam! *(Ustaje, silazi sa čardaka.)* Neću više ovde. Ovde mi na staro, na moljci miriše. U bašču, na ava, na zenilo iskam! *(Asanu):* Asane bre, uz njuma li si jednako? I oca, i majku, i kudeljke i sve gazdinstvo ostavi, sal uz njuma da si! Ako, ako, bre Asane, veni, tuguj za njuma, jer od karasevdah pogolem boles nema. Istina, lice ti je cigansko, ama oči bolne imaš. *(Koštani):* Poj bre, Koštan!

KOŠTANA

(predusreće Mitku pevajući):

Katinku grlo bolelo,
Katinke, lepa devojke.

MITKA

(bacajući novac Koštani u njeno dahire): Na! (Za sebe.) Ah, moj brat nikad sreću da ne vidi što me oženi, zarobi... Zar sam ja bre bija za ženu? *(Gleda u Koštanu.)* Ovo je, ovo bilo za mene... Ah, brate, ti mene oženi, zarobi i vrza, a tebe Gospod! *(Zagleda sebe.)* Zar ja s'g ovakav da sam? Eve: i čakšire, i pojas mi se sm'knuje! Snaga mi većem haljinku ne drži. *(Slučajno poklekne. Prkosno se ispravlja. Ispruža nogu i lupa njome.)* Kosko, zar već ostare, te se već treseš?

KOŠTANA

(Okreće se Ciganima, besno im preteći jataganom.) Grkljan! Salče! Ovam'! Zašto s'g ću sve da... *(Seda, zavaljuje fes, razdrljuje prsa.)*

KOŠTANA, SALČE i OSTALI

(sedaju podalje od njega ponizno, zbijeno).

MITKA

(mračno): Svirite mi!

GRKLjAN

(uplašeno): Šta, gazdo?

MITKA

(još mračnije): Žal, bre, da sviriš. A kako moj žal nigde — nigde dokle turski hat ide — nigde ga nema!

STOJAN

Košto, pesmu! Glas tvoj! Samo tvoj glas! Marko, vino! Vino, svu mladost da ispijem! *(Grli Mitka.)* Oh, bato!

MITKA

(bolno): Beše moje!...

KOŠTANA

(tražeći bakšiša, dolazi do Mitke pevajući):

Bog ubio, Vaske, mori, tvoju staru nanu,
Što te dade vrlo na daleko,
Na daleko, Vaske, tri godine dana.

MITKA

(rukom je zaustavlja dalje od sebe): Potamo. Ne priodi mi! A bakšiš? Daću... Jer... — Ah, moj brat nikad sreću da ne vidi što me odomi, oženi...

Što me ne pušti da idem. U svet da si idem. Tiki, koj što pravi, a on: »Mitke, dom, u kuću da sediš, ženu i decu da gledaš. Ne skitaj se, bre, i ne krvi, zašto će te, možda, ubijev!«... A koga da ubijev? Mene li?

GRKLjAN

Eh, zar tebe, gazda? Taj se još nije...

MITKA

(upada besan): — rodija! I neće da se rodi. Zar mene bre da ubijev? Mene? Što gi još u tursko vreme, po Skoplje, Solun, Serez, kuda me onaj moj brat praćaše po trgovinu... i t'g, sve što od tursku veru i po carski drum nađešem, sve terašem ispred sebe... I paše mi se sklanjašev...: »Mitka je toj, vikav, na čorbadži-Arsu brat!«... Pa zar mene da ubijev... Tiki, pa i da me ubiše! Zar je ovoj kakav život? *(Nabija fes. Teško, gorko.)* Eh, Stambolke Redžepovice, mori, žalna pesmo moja! Stari Redžep na put, a ja kude njuma. Ciganka me vodi. Ciganka na kapidžik ostade da čuva i pazi, a ja kude njuma, gore u odaju. I toj hajdučki! Noga da ne šušne. Noć padnala, mesečina se spustila, a ona, Redžepovica, čeka me. Legla na dušeci, gola, mlada, kapka... Snaga! Da cuneš, pa da se zaplačeš! Ruke više glavu frljila, kosu crnu, fildiš, rasipala oko sebe i — čeka me! Gleda u vrata, gleda kako bi me odma, još od prag, s's svoje puste crne oči opila, izela... Gleda, čeka me, i poje:

Rafistinde on alma
*Beš i al, beš i alma!**

(Ustaje. Koštani): Tuj, Koštan, i samo tuj pesmu da mi poješ! Mintan da skineš; ruke gore, više glavu...

STOJAN

(prekida ga): A, ne tako, bato! Sramota je! Mati joj je tu, otac, mi...

MITKA

(razdragan, zanesen): Nemam ja, bre, lošu premislu na njuma. Tatko mogu da vu bidnem. Tiki — Milo mi! Duša mi još, bre, iska. *(Bolno Salče** Na raf ima deset jabuka, pet za men, pet za teb.

tu): Salče, ti me znaješ? Znaješ li, Salče, »moje« kakvo beše? Ti bar kaži! A, Salče?... *(Posmatra je.)* A i tvoje, beše mnogo! Nego s'g i ti ostare, ispeče se. *(Odbija je rukom.)* Trgni se u stranu, da te ne gledam, zašto kad tebe gledam, mislim mnogo na sebe. *(Okreće se Koštani):* Koštan! De, poj! Bakšiš? Kesa? Eve na!... *(Vadi i baca joj novaca.)*

SALČE

(Mitki): Drugi put će ona to, Mitke, drugi put!

KOŠTANA

Ali ovakva da sam. Da ne skidam mintan.

MITKA

(besno, gorko): Ne! Mintan da skineš, te grudi da ti pucav. I ruke na gore da digneš, kosu na sve strane, te kao ona, Redžepovica da si. Ali da me ne gledaš, jer mnogo muka će mi padne. Ona, Redžepovica, će mi se upije u pamet i će se razbolim. Bolovaću. Nedelju dana mrtav bolan će da bidnem za njuma... Ne li me izdadoše, potkazaše? Dremka me uhvatila na njojno zrelo, belo, grlo, a stari Redžep iz dolap, kude se bija sakrija — s's jatagan na mene poleteja. Ona videla, pisnala, brgo od sebe svilenu košulju skinala — i drž za jatagan. A nož, znaje se, svilu ne seče, te ja tako živ... A njuma, posle, živu gu u vreću vrzali i u Moravu frljili. *(Ustaje, besno vadi jatagan.)* Svirite mi bre, i pojte, zašto... *(Salčetu):* Ti li mori, veštice, ne davaš! Ovamo ti! Ovam! Ti ćeš da mi igraš i da baješ! S'g te svu na paran-parče iseko! Ti ćeš, starke, po jatagan da mi igraš i da baješ, kao veštica u nekrsteni dni što na sneg i na mesečinu igra. I ti ćeš takoj! Ovamo ti! Ovamo, veštice, ovamo koske stare da ti rastresem.

Utrči Marko.

MARKO

(uplašeno): Gazda, hadžija stari!

STOJAN

(đipi uplašeno): Otac! Šta ću mu ja? *(Polazi kapiji, da je zatvori.)*

SALČE

(zaustavlja ga): Ne, sinko, otac ti je!

KOŠTANA

STOJAN

Šta ću mu ja sada? Šta ću... Šta me traži?

KOŠTANA

(zaustavlja ga): Nemoj, Stojane! I ja te molim!

STOJAN

Pa baš zbog tebe — neću. Jer znam da će on sada sve na tebe! Za sve ćeš ti biti kriva.

KOŠTANA

Neće, neće! Samo ti nemoj!

Čuje se bat konjski, hrzanje, zvek dizgina.

TOMA

(iza pozornice viče): Marko!

MARKO

istrči. Sjahivanje.

Ulazi Toma.

MARKO

mu ostrag, ponizno, ispravlja izgužvane čakšire i koliju.

TOMA

(unezvereno, ne mogući da dođe sebi): Pa?... a?... To? To? *(Okreće se Mitki.)* Aferim, Mitke! Tako! I ako si stariji, otac da im budeš, i onda da ih poučiš, odvratiš, a ne ti još prvi među njima... Aferim! *(Ustremi se Magdi):* A ti? Tako li se stari gazda poštuje?

MAGDA

(ponizno): Oh, gazdo!

TOMA

Tako li se moj hleb jede?... Nego kao veliš: »stari gazda star je, umreće, a mi mladoga da čuvamo«. A, to li?

MAGDA

Oh, gazdo, zar ja? Ja! Magda tvoja...

TOMA

»Magda moja, vodenica moja«... Pa kad je sve moje, šta će ovo ovde? *(Marku):* Pušku!

MAGDA

(pada pred njim): Gazdo, gazdo...

TOMA

Pušku, pa sve da ubijem! Sve da zapalim! Ni koga da ne vidim, nikoga da ne gledam! Sve da...

MAGDA

(vije se ispred njega): Ne, gazdo, ne!

TOMA

...Nikoga! Sin?! — Sinule munje, pa u čelo! *(Stojanu):* Kući, bre! Bar da te ne gledam!

STOJAN

pokunjeno, i gologlav, odlazi.

MAGDA

(ponizno Tomi): Nemoj, gazdo! Ne ljuti se toliko!

KOŠTANA

TOMA

(besno): Kako? Da se ne ljutim? Šta sam ja?

MAGDA

Gazda! Gazda! Stari, mili, slatki gazda! *(Ljubi ga u ruku.)* Nemoj, gazdo! *(Pokazuje na jelo, piće.)* Sedni!

TOMA

(zgranuto): Još i da sednem?

MAGDA

(preklinje, moli ga): Sedni te s tobom u kući sreća, blagoslov da mi sedne! berićet, blagota s tobom u kući da mi zasedne. Sedni! Okusi! Samo hleb, so!

MITKA

(Tomi): Sedni, sedni! Zar ne znaješ da se ne valja, da je loše, kad se na ovakav sveti i veliki dan dođe, pa da se ne sedne, ne okusi hleb, so... Zar ja da ti to kazujem? Zašto si hadžija?

MAGDA

(pokorno): Berićet, gazdo, i blagota od stoke dami s tobom u kući zasedne i da se umnoži.

TOMA

(lomi se): Eh, molite Boga, što je ovaj sada sveti blagi, Božji dan. *(Prilazi pobožno i seda za sofru; strogo.)* Hajd, daj, ali brzo!

MAGDA

(srećna podmeće mu jastuk, nudi ga jelom, vinom): Uzmi, gazdo. Okusi što Bog dao! Nemoj, na ovaj sveti, Božji dan! *(Pruža mu čašu.)* Okusi, gazdo!

TOMA

(krsti se, uzima čašu): Eh, Magdo! *(Pije.)* Nego hajd! Hajd, srećan ti dan i Hristos voskrese!

MAGDA

(ljubi ga radosno u ruke): Vaistinu voskrese! Oh, hvala, slatki gazdo!

KOŠTANA, SALČE i OSTALI

(hoće da idu.)

MITKA

(zaustavlja ih): Stoj! Kude vi?

KOŠTANA

(pokazuje na Tomu): Ljutiće se...

MITKA

Ovamo, ti! Mene gledaj! Ja ovde... Poj!

KOŠTANA

Nemoj, nemoj, gazda Mitke, pa posle hadžija da se... *(Pokazuje sa strahom na Tomu.)*

TOMA

(prezrivo): Šta »hadžija«? Šta ja imam na vas? Zanat vam je to. Možete. Otpevajte... Bar džabe bakšiš da vam se ne da.

MITKA

(Koštani): Ti samo poj! A koj na tebe ruku digne, ja sam ovde!

KOŠTANA

(počinje pesmu):

KOŠTANA

Hadži Gajka, hadži Gajka
Devojku udava...
Em je dava,
Em je ne udava...

MITKA

(prekida je): Neću tej stare, tej mrtve, hadžijske pesme! Drugo!

KOŠTANA

(peva):

Dude mori, Dude, belo Dude,
Kako tebe, Dude, nigde nema,
Ni u Tursko, mori, ni Kaursko.
Zapali me, Dude, izgore me,
Napravi me suvo drvo,
Suvo drvo javorovo.
Od drveta sitan pepel,
Od pepela miris sapun,
Pa s's njega da si miješ,
Dude, mori, belo Dude, svoje lice!

MITKA

(Koštani): E s'g dede onuj: Kako k'd Kumanovo čuma bi, k'd se ludi i besni Stojan zagleda u Stamenu, od ujku sestru, pa ili grad da pali ili Stamenu da uzme. I tri dana crkve zatvorene, tri dana čaršija zatvorena. Stamena kuka i moli:

— Stojane, more Stojane,
Gde se je čulo, razbralo,
Brat sestru more da zema?

A on, pusti i besni Stojan, odgovara:

— Stameno, mori Stameno,
Stameno, sito proletnja,
Stameno, zrno biserno,
Jesi li čula, razbrala:
Sitno kamenje broj nema,

KOŠTANA

Duboka voda brod nema,
Visoko drvo hlad nema,
Ubava moma, mori, rod nema.

TOMA

(za sebe): Da, jest, zna se: lepota doba, rod, starost nema *(trza se. Marku):* Marko *(daje mu novaca pokazujući iza sebe na Cigane)*, podaj im, i dajte im da jedu i da piju. *(Gordo):* Jer ne sme da se kaže, da je neko sa Hadži-Tominog imanja otišao gladan i žedan.

MARKO

(dajući Salčetu novac): Od hadžije.

SALČE, GRKLjAN i OSTALI

(oslobođavaju se, razuzuruju se i počinju da sviraju.)

TOMA

(prekida): Dosta, dosta.

MAGDA

(donosi u jednoj ruci tepsiju, poslužavnik, sa raznim jelom a u drugoj ruci bokal. Meće na sofru pored ostalog jela i pića i nudi ponizno Tomu): Ne ljutiš se, gazdo, više onako na mene?

TOMA

Pa Magdo, kako...

MAGDA

Nemoj, slatki gazdo, nemoj da se ljutiš što smo mladoga gazdu... Ti znaš da sam ga ja dojila, pa da mi je on kao drugo moje dete. Znaš koliko sam te služila pa mi nikada reč ne reče a kamo li da se naljuti.

TOMA

KOŠTANA

(malo toplije): Jeste, Magdo, verno si me služila.

MAGDA

Služili smo, gazdo. I sada te služimo. Živimo u tvojoj kući. I evo koliko te volimo i poštujemo. Znamo da ćeš nam, kao svake godine tako i danas, na ovaj veliki, Božji dan, doći. Pa cele godine čuvamo za tebe evo ove kruške »maslarke«, što znamo da ih voliš, a evo i jabuke. Sve su rukom birane. Evo i vino što je za tebe Marko cedio, bez peteljke, sve zrno po zrno.

TOMA

(odobrovoljen, pruža ruku Marku): Hvala, Marko.

MARKO

(ljubi ga u ruku): Hvala, gazdo, i srećan ti praznik!

MAGDA

(nudeći ga): Uzmi, gazda. Sve je isto ono što si voleo kada, kao nekada, leti po mesec dana ovde dođeš da se razonodiš i provedeš.

TOMA

(setno): Da, kao nekada. *(Padne mu pogled na presušenu česmu):* A ćutuk, česma presušila?

MAGDA

(izvinjavajući se): Jeste, gazdo. Ove godine sasvim presuši. Šta nismo činili. Ali ne ide. Gore, u šumi, izvor mu nije više čist. Počeo je da se meša sa zemljom i trulim lišćem. Nije više onako jak, silan i čist kao ono kada ga ti pronađe i sprovede ovde u česmu.

TOMA

(setno, više sebi): Da, da, zajedno sa mnom i on se presušuje i pozemljuje.

MITKA

(Koštani i ostalim): Svirite bre i pojte već.

KOŠTANA

(peva):

Stojanke, bela vranjanke!
Kad te je majka rodila,
Na šta je okom gledala:
Da li na sunce sjajano?
Ili jablanče tanano?
Bre gidi, džanum, Stojanke,
Stojanke, bela vranjanke!

TOMA

(prvi put se okreće Ciganima. Strogo, znalački posmatra Koštanu, sebi): Silan glas... Ali dosta.

KOŠTANA

(produžava pesmu):

Az li te gledam kroz mare
U tija džanfes šalvare,
Gde tiho mineš po dvore,
Kako jelenče kroz gore.
Ne znajem ništa za sebe,
Bre, lele, lele momiče,
Momiče, zumbul devojče,
Pogiboh dušo za tebe!

TOMA

(uzbuđen, uzrujan): da jest... Jest...

KOŠTANA

(nastavlja):

A kad ti vidim dve oči,

KOŠTANA

Dve tamne oči, dve noći,
Kail sam mnogo na tebe,
Ja da te vodim za sebe,
Pa kud mi majka živuje,
Da mi te ona miluje,
Da živiš kako gidija,
Da gučeš kako kumrija,
Bre, lele, džanum, Stojanke,
Stojanke, bela, vranjanke!

TOMA

(grčevito čupa koleno): Ne tako, ne toliko silno... Dosta, dosta...

KOŠTANA

(još razdraganije):

Sum šetal, mori Đurđo, po Stara Srbija,
Po Srbija i po Maćedonija,
Pečalil sam meke mahmudije,
Kako tebe, Đurđo, ja nigde ne najdoh.
Oj pojdoh dole, pojdoh na gore
Kako tebe nigde ne najdoh!

— *Oh, da legnem, ah da umrem,*
Samo da ne gledam
Kako tvoje lice
Drugi grli, ljubi.

TOMA

(već savladan): Mnogo je ovo. *(Okreće se Mitki):* Mitke, bre!

MITKA

(meće u usta dukat i pruža ga Koštani): Koštan, čedo.

KOŠTANA

(ustima uzima iz Mitkinih usta dukat i baca ga Salčetu u krilo).

TOMA

(izdiže se): Eh, a sada kad bi još i onu! Ali ne znaš je ti. Stara je to pesma. U moje doba, kad ja beh mlad, tad se ona mnogo pevala. Tvoja majka, Salče, pevala mi je. *(Salčetu)*: A, Salče?

SALČE

(zadovoljna): Koju, gazda?

TOMA

(odsečno, više za sebe): Onu: bula mlada, posle svadbe, čim legla, odmah umrla. Sutra, sunce već izišlo visoko, visoko — a nje iz sobe još nema. Majka joj došla u pohode. Ona se još ne budi. Svekrva stoji pred vratima, budi je i tužno poje:

> O jansana a'nn đeldi
> Ojan, ojan, maz.*

(Salčetu, pokazujući na Koštanu): Zna li ona tu pesmu? Naučila si je?

SALČE

(zaradovana): Zna, hadži, zna. *(Sećajući se):* Ama, teška je i stara ta pesma!

TOMA

(zadovoljan): Eh, kada bi još i to! A bakšiš hadžijski! I to ne celu pesmu. Kraj samo. On mnogo kazuje. Ona mrtva a svekrva misli da od noćnog prvog milovanja i celivanja još ne može da se osvesti, i zato ne izlazi... I otac joj već dolazi. Svekrva plače, budi je i tužno poje:

> Utansana baba đeldi
> Ojan, ojan, maz!**

Tatko ti dođe, zasrami se, more! A ona mrtva i čista. Muška je ruka ne pomilovala, ni usta celivala. Mrtva i čista...

* Svekrva ti je došla, stidi se, more!

KOŠTANA

** I otac ti dođe, zastidi se, more!

KOŠTANA

(uz burnu svirku, praćena Cigančicama počne da igra čuveni čoček »Keremejle«; pada kolenima, uvija polovinom, trese prsima i, igrajući oko Hadži-Tome, po katkad ga kosom dodirne po glavi). Noć trne. Fenjer se gasi. Grneta, zurle jače pište, seku igru i pesmu.

TOMA

(izvan sebe baca fes, skida koliju, i laktovima izvaljujući se na jastuke, viče): Marko, hata pa u grad, i Hadži-Ristu, Zafira, Sekulu... Sve bre, sve zovi ovamo na radost i veselje!

TREĆI ČIN

Gostinska soba Hadži-Tomine kuće. Na sredi sobe, na dušecima, leži Stojan, opkoljen, ututkan jastucima i jorganima. Čelo glave, na tronožnoj stolici, poređani sahani sa raznim đakonijama, kiselim kruškama i grožđem iz »turšije«. Svaki čas ulazi Stana i, na prstima, da ga ne probudi, saginje se nad Stojanom, osluškuje kako diše.

STANA

(cedi peškir od hladne vode, oblaže njime Stojanovo čelo, tiho ga ljubeći):

Bato moj mili! *(Odlazi uplašeno.)*

STOJAN

(budi se): Zora! Dan već? *(Uplašeno.)* Neću ja dan! Nju, usta njena hoću!... Ah, što se probudih? Ona beše! Ona, vrela, slatka Koštana! Klekla, ručicama mi stisla obraze, da mi usta odskoče, a svoja usta upila u moja... ah!

STANA

(ulazi brižno): Bato, zoveš?

STOJAN

(vidi je i zavaljuje se natrag): Ti?

STANA

KOŠTANA

(brizne u plač): Bato, što si ljut na mene?

STOJAN

Idi!

STANA

(plačno): Nemoj, bato! Nemoj na mene da se ljutiš. Šta ja? Živa nisam od straha. Eto cele noći nisam... A i nana. Ona se sada ne ljuti na tebe nego na oca. A on tamo, pričaju, čuda čini po Sobini. Otac kao da nije stari otac!

STOJAN

A ko mu svira?

STANA

(ustežući se): Pa još ona...

STOJAN

(gnevno): Idi!

STANA

Bato!

STOJAN

Idi!

STANA

odlazi plačući.

STOJAN

(đipi): Ciganka! Ja nju toliko voleo, a ona?... Ciganka! Ko da više!...

Ulazi Kata.

KATA

(prilazi Stojanu): Sine, bolan si? Šta ti je?

STOJAN

(neugodno se izmiče): Ništa, ništa mi nije!

KATA

Šta hoćeš majka da ti donese? *(Hoće da mu opipa čelo.)* Kamo čelo?

STOJAN

(otura je rukom): Ne diraj me!

KATA

(ne može više da se uzdrži od plača): Zašto, sinko? Šta toliko majku? Šta je majka toliko skrivila.

STOJAN

Što si me rodila...

KATA

Pa majka, sine, za sreću te je rodila. Da ima u koga da gleda, u koga da se kune. Majka rodila, očuvala, pa majka i da oženi, da snahu, odmenu dobije. Da i ona, kao i sve njene drugačke, sa snahom u crkvu pođe, u svet iziđe, u goste da ode; pa i ona goste u kući da dočeka, isprati. Da joj je kuća, sinko, s tobom otvorena. Za sreću te majka rodila. Da majka s tobom život proživi, kad nije s ocem ti. A s njime — crni je moj život! Od njega nikad Božja, blaga reč, samo vika. *(Stiska se za glavu):* Od straha mi, sinko, već pamet iziđe.

Izdaleka graja, svirka i pesma se razbira.

STOJAN

(pokazujući rukom odakle dolazi pesma): Ona, majko, ona!

KOŠTANA

KATA

(odlazeći): Oh, Ciganka je, sinko, ona!

Utrči Marko.

MARKO

(zadihano, dižući posteljne stvari): Hadžija, stari!... Brzo! Juh! *(Skuplja postelju i odlazi. Za njim odlazi i* Stojan.)

Ulazi Hadži Toma, zagrljen sa Koštanom, i sa ostalim.

TOMA

(Koštani): moju kuću kad se ulazilo, pevala se pesma:

»More, vrćaj konja, Abdul-Ćerim ago,
Tugo, vrćaj konja, pišman će da bidneš«,

— »More, ne vrćam ga, džanum, mlad Stameno,
Tugo, ne vrćam ga, da znam da poginem!«

I ja ću da poginem! To da pevaš ti. Poginuću, hoću!... Sin mi leži bolan — mrtav neka je!

KOŠTANA

(uplašeno, bolno): A ne to, gazdo!

TOMA

(ne slušajući je): ...Ženu? Nemam. Nikad je nisam ni imao. Imao sam majku. A majka za mladost nije. *(Obzire se, gleda po sobi. Viče):* Marko!

Dolazi Marko.

TOMA

Kamo sofra, vino? Služi gazdu, još sada, pa posle, možda, smrt će... *(Koštani):* Eh, Koštana, kćeri! De! Ne pesmu, glas samo i svirku. I to onu svirku, kad se pođe na venčanje za staro i nedrago! Svatovi napred, mladoženja ostrag, a Cigani za njim. Pevaju mu i sviraju oni da ga razvesele, a svirka im oštra, oštra te srca kida!... Takva je moja svirka i pesma bila kad ja pođoh da se venčam: — da više u zelenu baštu ne idem, mesečinu ne gledam, drago ne čekam i milujem — da mladost zakopam! I zakopah je! Sad? Staro drvo. Da, sinko, star sam, ali srce mi je toliko mlado, toliko puno skrivane, neiskazivane ljubavi, neizmilovanog milovanja... Oh, toliko je ono toga bilo puno i željno da će mi mrtvome zemlja biti večito teška. De, kćeri, de još onu: »Nasred sela šarena česma, bistra voda«... Oh, kamo je sada, da mi ona, bistra, rosna, sveža kapne na ovo moje staro, staro već samrtno čelo... *(Hvata se za čelo, grca.)* De, kćeri!

KOŠTANA

(peva):

More, nasred sela šarena česma tečaše,
Aman, tečaše,
I na česmu dve do tri mome stajašev,
Aman, stajašev.

TOMA

(viče): Marko! Nize, duble, dukate!

MARKO

(zabezeknuto): A ne to, gazdo!

TOMA

(besno): Ćut'!

MARKO

(vraća se i donosi mu nize od dukata).

TOMA

(prilazi Koštani i vezuje joj nizu oko vrata): Na, kćeri. Zlato neka nosi zlato a ne stara suva kost! Pevaj!

KOŠTANA

(nastavlja pesmu):

More, dajte meni tuj mutnu vodu,
Da pijem, ago, da spijem...

— More, za tebe ima šarena soba
Da spiješ, ago, da ljubiš.

TOMA

Za mene nema više, kćeri, nema. Nego, dede pevaj!

KOŠTANA

(peva):

Tri put ti čukna na pendžer,
Mila daskalice...
Stojan-hadži daskalov.

TOMA

Nije to bio Stojan, već sam ja to bio. Ja, Hadži Toma! Za mene je ona pevana.

KOŠTANA

(peva):

Ti mi vrata ne otvori,
Mila daskalice...
Toma-Hadži daskalov.

(kida ostale niže i posiplje je dukatima): Na! Na!...

KOŠTANA

(krišom, da Toma ne vidi, sve dukate dodaje Marku što ovaj odnosi u drugu sobu).

KOŠTANA

Ulazi Mitka.

MITKA

(Marku): Čeprnje! Kotlove vina! Dizaj tej čaše, tuj srču!

STOJAN

(na vratima; besno, ljubomorno Koštani): Ciganka! Ko da više! (Odlazi).

TOMA

(zgranut, prilazi zidu, gde je oružje): Ko tamo?! Ko je još gospodar u mojoj kući? On? Zar on još da govori? Pušku!

Uzima pušku, prilazi prozoru, naperi je.

STANA

(iza pozornice, kuka): Ne, oco! Slatki oco! Jao!

TOMA

(kod prozora, nišaneći): Njega, da... Njega da ubijem.

Ulazi Arsa.

ARSA

Hadži! Ne!

TOMA

Njega, njega...

ARSA

(odvaja ga od prozora): Hadži, hadži...

TOMA

KOŠTANA

(od besa jedva se razabira i upoznaje Arsu). A! Ti si!

ARSA

(zabezeknut): Ja, hadži!... Brate! *(Vidi Mitku, ustremi se na njega.)* Bar tebi! Bar ti...

MITKA

(isprsujući se): Što, bre, ti sve na mene vičeš?

ARSA

Kući!

MITKA

Šta sam ja? Pseto li sam? Imaš li, bre, dušu, srce? I ja jedanput da se razveselim a ti odmah...

ARSA

Kući!... A žena, deca?

MITKA

Ti me oženi, ti me zarobi! Ti s's mene što iska toj i napravi. I s'g, eto ti gi: i žena i deca!... Ja! Ništa nemam. Nikoga si ja nemam. Aha!...

ARSA

(besno): Kući!...

MITKA

(pokunjeno odlazi): Hajd, hajd, ti mi... (Odlazi).

ARSA

(za njim): Kući pravo! (Ciganima). A vi? Zar ste još tu? (Zamahuje štapom.)

SALČE, GRKLjAN i OSTALI

(ponizno odlaze; za njima polazi i Koštana).

TOMA

(Arsi, stajući pred Koštanu): Svi! Samo ona ne!

ARSA

(ubezeknuto): Hadžijo!

TOMA

(pokazujući na Koštanu): Krv će za nju! Šura si mi, brat, rod — dirni je samo, krvnik si mi!

ARSA

(očajno, pokazujući na Tomine sede vlasi): Hadžijo! Pogledaj se!

TOMA

(s puškom na njega): Hoćeš?...

ARSA

(očajno, uzmičući vratima): Brate, brate! *(Koštani, u stranu, da Toma ne čuje):* Načini se ti bolesnom. *(Odlazi).*

TOMA

(sprečava Koštanu da ide): A nemoj ti, pevaj!

KOŠTANA

Drugi ću put! A sada i ja da idem. Jer bolesna sam.

TOMA

KOŠTANA

(iznenađeno): A ne... Nemoj, kćeri! Ako te grlo boli, uzmi šerbet, rosu... Biser da ti rastopim, samo da te grlo ne boli.

KOŠTANA

(pokazujući na prsa): Ovde, ovde me probada! Da idem!

TOMA

(ubijeno): E kad tu... onda je to teško... *(Koštana polazi)*: Koštana! *(Prilazi joj grcajući.)* Koštana, kćeri, sine... Daj bar... *(Saginje se i miriše joj prsa.)* Koštana! Lepoto!... Oooh!

DRUGA SLIKA

Mitkina kuća. — Bašta ispred kuće. U pročelju lepa kuća na dva sprata, sa tavanicama, uresima, balkonom.

Ulazi Mitka vukući za sobom Salče, Grkljana, Koštanu i ostale.

MITKA

(razdrljen, raspasan, okreće se i doziva ostale svirače sa ulice): Čalgidžije! Meteri! Čočeci! Ovamo, bre! *(Dolaze i ostali.)* Ovamo, braćo moja slatka! *(Koštani)*: Ti ispred mene.

KOŠTANA

(se izdvaja i seda).

MITKA

(ostalim čočecima): Vi do njuma, oko njuma. Ali bez dajre... jedno do drugo.

ČOČECI

se izdvoje, sedaju oko Koštane malo ponizno.

MITKA

KOŠTANA

(gledajući ih): Takoj! Moj brat katil, moj brat krvnik, moj brat — nikad sreću da ne vidi. Jednako: »kući«... *(pokazuje na kuću).* Ete s'g dom sam, kući! *(Seda, vadi i meće ispred sebe jatagan, fes, kesu, muštiklu.)* De, bre... *(Grkljanu):* Sviri! Da sviriš: kako nigde nikoga nemam. Ni brata, ni tatka, ni majku! Ženu? *(Pokazuje na kuću.)* Ene gu. Od brašno i testo oči vu se ne vidiv. Nigde si ja nikoga nemam! De! Toj da mi sviriš, »moju pesmu« da sviriš!

GRKLjAN

(začuđeno): Kakvu tvoju pesmu, gazdo?

MITKA

Moju pesmu!

GRKLjAN

(u čudu, pitajući i ostale pogledom): Ama kakvu, tvoju pesmu, gazdo? Mi nikakvu tvoju pesmu ne znamo.

MITKA

I ja gu ne znajem. Samo gu u noć čujem i u s'n s'nujem. A pesma je moja golema: Kako majka sina imala, čuvala, ranila. Dan i noć samo njega gledala. Što na sina duša zaiskala, sve majka davala, a sin — bolan! Porasnaja sin. Došla snaga, mladost... Došle bašče, cveće, mesečina. — Zamirisale devojke!... Sin poleteja. Sve što iskaja, sve imaja. Hatovi, puške, sablje, žene... Koju devojku nije pogledaja, samo njojne kose neje zamrsija i usta celivaja. Nijedna mu ne odreče, nijedna ga ne prevari, a on sve gi celivaja, sve varaja i — bolan, bolan bija. Bolan od kako se rodija. — Toj sam ja!... Pa od t'j bol, jad dert li je, prokletija li neka — eve na nogu ginem. Idem, pijem, lutam po mejane, dert da zaboravim, s'n da me uvati. A s'n me ne vaća. Zemlja me pije... Noć me pije... Mesečina me pije... Ništa mi neje, zdrav sam, a — bolan! Bolan od samoga sebe. Bolan što sam živ. Od kako sam na svet progledaja, od t'g sam još bolan. *(Seda. Gleda u Koštanu, čočeke, devojčice. Izvaljuje se, da ih bolje vidi):* Eh, deca, deca slatka! Pojte! Puštite glas. Ali čist glas! Iskam da slušam vaš mlad, sladak, čist glas. Zašto, moje se je srce iskubalo, snaga raskomtala, ostarela... Žalno, teško da mi pojete!

KOŠTANA

(sa sažaljenjem): Koju, gazda Mitke?

MITKA

Koju? Eh, Koštan, zar jedna je pesma žalna? Znaš li šta je karasevdah? I toj težak, golem, karasevdah! Tuj bolest ja bolujem *(pokazuje na sebe)*. Eve ostare, a još se ne nažive, još ne napoja' i ne naceliva'... Još mi za lepotinju i ubavinju srce gine i vene! Aha!... Poj Koštana, kako k'd se od Karakule na Bilaču, Preševo i Skoplje udari. Noć letnja. Šarplanina u nebo štrči, a ispod njuma leglo pusto i mrtvo Kosovo. Drum širok, prav, carski. Po njega se rasipali hanovi, seraji, bašče, česme. Mesečina greje... Martinka mi u krilo, konj, Dorča moj, ide nogu pred nogu, a čalgidžije, što gi još od bilački han povedešem, peške idev iza mene. Sviriv mi oni i pojev. T'nko i visoko kroz noć i na mesečini sviriv. A iz seraj i bašče, kude mlade žene i devojke oko ševrdan i na mesečini oro igrav, grneta sviri, dajre se čuje i pesma... I toj ne pesma, već glas samo. Mek, pun glas. Sladak glas kao prvo devojačko milovanje i celivanje. Pa taj glas ide, s's mesečinu se lepi, treperi i na men' kao melem na srce mi pada. *(Koštani):* I Koštan, tuj pesmu, toj vreme da mi poješ... A toj vreme više ne dođe. Ete za toj ću vreme ja žalan da umrem, s's otvoreni oči u grob ću da legnem. Poj »Žal za mladost«... Za moju slatku mladost, što mi tako u ništo otide, i brgo ostavi. Poj i vikaj gu. Moli gu, neka mi se samo još jedanput vrne, dođe, da gu samo još jedanput osetim, pomirišem... Ah! *(Peva):*

Da znaješ, mome, mori, da znaješ,
Kakva je žalba za mladost,
Na porta bi me čekala,
Od konja bi me skinula
U sobu bi me unela,
U usta bi me ljubila —
— of, aman, zaman, mlado devojče,
Izgore mi srce za tebe!...

KOŠTANA

(razdragana, sa saučešćem): Evo ću i ja, gazda Mitko! (Peva):

Otvori mi, belo Lenče,
Vratanca, vratanca...
Sa tvojata desna, bela ručica.

MITKA

(upada, sam sebi): Ba... Nikad mi ne otvori!

KOŠTANA

(peva):

Da ti vidim, belo Lenče,
Ustanca, ustanca!

MITKA

I nikad gu ne vide'!

KOŠTANA

Ne mogu ti, pile, Mile,
Da stanem, ustanem.
Majka mi je sela, Mile,
Na fustan, na fustan!

MITKA

Majka, prokleta majka! Ona ne dade. I nikada vu ne dade da gu vidim.

KOŠTANA

(još razdraganije peva):

Devet godina minaše, džanum,
Od kako tebe ne videh;
Idi si pitaj majka ti,
Da li te dava za mene.
— Majku si nesam pitala,
Ali sam lošo slušala,
Tatko na majku zboreše:
»Devet još ćeri da imam,
Ni jednu Mitki ne davam,
Jerbo je Mitka bekrija,
On pije vino kajmakli,
A i rakiju nrvenac,
Na vino vadi noževi,
A na rakiju pištolji«.

KOŠTANA

MITKA

(mračno): E s'g me s's tuj pesmu s'svim izede i dokrajisa. *(Sam sebi):* A jest, istina je... *(Gorko, siteći se sam sebi):* Istina je. Istina je, Mito, crni Mitke, da si bekrija. I toj asli, dibiduz-bekrija. Samo se po mejane lunjaš, samo puške, sablje, žene. I dokle ćeš? Lipči i crkni bre jedanput! *(Vadi jatagan i okreće ga prema sebi):* More, što da se pa ja ne ubijem?

SVI

(uplašeno): Ne, gazdo, ne!

MITKA

Što da ne? Kako da ne? Zašto da ne? Zar ja ne znam šta me čeka, što mi je pisano? Da umrem! Toj! Zemlja, crvi da me jedev! Toj! Što da se ne ubijem? *(Potegne jataganom.)*

U to rupi Arsa, s policajom i dva-tri pandura.

ARSA

(zabezeknuto, ne može da se pribere): Ja ću, ja ću da te ubijem! *(Bije Cigane.)*

Svi beže.

ARSA

zaustavlja Grkljana, Salče.

KOŠTANA i OSTALI

(odlaze).

SALČE i GRKLjAN

(se zbiju uza zid drhćući preplašeno).

ARSA

(predišući od besa, unosi se u Mitku): A? Pa sad? A... a? Šta je ovo?

MITKA

(okreće se od njega i ćuti).

ARSA

Ustani!

MITKA

(ne diže se).

ARSA

(drma ga): Ustani! Jesi li živ?

MITKA

Za tebe — ne! Mrtav.

ARSA

(nadnosi se jarosno nad njim): Mito, Mito! Čuj!... Ili ćeš ti, ili ja...

MITKA

(podiže se, malo uplašeno): Šta?

ARSA

To! Dosta ja ćutah, trpeh. *(Zagleda se u njega, hvata ga za mintan.)* Zašto, bre, sada takav da si? Zašto raspasan, zašto žut, bled?...

MITKA

(zaglađujući se): Što mi je? Ništo mi nije.

ARSA

Čuj, Mito. Ili te više *(pokazuje na Cigane)* s ovima ne nađoh, niti videh u mehani, ili te ja — ja ubih!

KOŠTANA

MITKA

(diže se, uplašeno): Zašto da me ubiješ?

ARSA

Da te ubijem. Hoću. Ubiću te! Ubiću, kao što još onda otac htede da te ubije, kad ti sav novac što ti dadosmo za trgovinu, a ti sve, sve — ne čeka ni tri dana — već sve popi i proloka s Cigankama i po mehanama. Pa tada, kada otac htede da te ubije... *(koreći sebe)* ah, što ga ja tada zadržah, što ga ne pustih da te ubije!

MITKA

(turobno): I on beše kako ti: katil!

ARSA

(plane): Otac katil? Ja katil? A ona, majka, što te je od oca i od mene sklanjala, branila, plakala za tobom, i ona je katil, i to najveći, što te je toliko mazila i čuvala...

MITKA

(uzbuđeno prekida ga): Majku, njuma da mi ne spominješ. Ona jedno pogreši, što prvo tebe, pa posle mene rodi, te s'g moram da ćutim, da te slušam, jer si stariji! Toj ona samo pogreši: što prvo tebe, pa posle mene rodi. — A majka je majka! *(Plače.)* Slatka moja majka, da mi je ona živa, zar bi dala, da ti ovakoj s's mene...

ARSA

(uzbuđeno): Mito!

MITKA

(brišući suze): Eto toj! Rasplaka me! Slatka moja majka! *(Polazi.)* Još od kad vu sveću nesam zapalija.

ARSA

(zadržavajući ga): Kuda?

MITKA

(nolazeći): Na grobje. Sveću na moju slatku majčicu da zapalim.

ARSA

(odlazi za njim, zadržavajući ga): Nećeš tamo, nećeš! Kući ćeš ti! *(Odvodi ga u kuću.)*

GRKLjAN

(ponizno policaji): Aman, gazdo!

POLICAJA

(surovo ih ućutkuje): Ćut'!

ARSA

(vraća se; Salčetu, Grkljanu): A vi? Zar ste samo vi na ovoj zemlji, te čovek ne može samo vas da umiri? Kome ja i govorih, i pretih, i koga apsih?... Ništa! Zar što ja govorim, to pas laje i vetar nosi? A?

GRKLjAN

(izdvaja se, pada pred njim na kolena i pokazuje na Salče): Ja, gazdo — ne! Ona. Ona je nauči i da peva i da igra. Ja ne — ako sam ja što kriv, ovde sam... *(Pokazuje na vrat.)*

ARSA

(Salčetu): Govori, veštice! Ti si za sve kriva!

GRKLjAN

(živo, uplašeno): Ona je, gazdo! Ona je za sve kriva. E, za tu reč baš ti ovoliko hvala! Ona, još kad Koštan beše mala, dete... I ona onako malu uči je da igra i peva. I nauči je! Sad, eto, radi nje, svi ćemo da izginemo. *(Ponova hoće da udari Salče po glavi.)* Ona je kriva! Veštica, ona, gazdo...

KOŠTANA

ARSA

Sve ću ja sad vas... *(Grkljanu):* Ti ćeš, dok si živ, čaršiju da mi čistiš. *(Salčetu):* A tebe? Sad, odmah, i to u sahat, u minut obesih, ako za nedelju, onu vašu — *(besno)* neću da znam ni kako joj je ime! — ne udate. Svadba, novac, sve ću ja da dam. *(Razjareno):* Neću više za nju da čujem! Odmah!

SALČE

(đipi preneražena, pada pred Arsu): Ne to, gazdo...

ARSA

(razjaren): U Banju, za Asana! *(Policaji):* I ti odmah da ideš u Banju, nađi Asanova oca i kaži mu, kaži, da sam mu ja — gazda Arsa — poručio: da u nedelju, ovu, prvu, odmah — čuješ li? — povede svatove, dođe ovamo i vodi nju, tu, Koštanu, i tamo, u Banji, venča je za svoga sina Asana... Jesi čuo?

POLICAJA

(ponizno): Jesam, gazdo!

SALČE

(kriči od straha): Ne to, gazdo! Ne to, gazdo!

ARSA

(Policaji): I ti, kad dođu da je vode, sa pandurima da si tamo! I, ako ona neće, ti — silom! Ako živa neće — mrtvu, pa u kola i u Banju!

SALČE

(vije se, ljubi Arsi kolena, noge): Ne to, gazdo! Ruku, nogu da ti celivam! Još nije ona za muža! Mlada je, kapka, dete, tek na svet progledalo... Oh, aman, gazdo! Neće ona više da peva!

ARSA

Živa više — ne! Mrtva može!

SALČE

(vije se, ne znajući šta da radi): Ostavi mi je, gazdo, daj mi je! Moje je! Čedo mi je! Odavde mi je, gazdo, odavde! *(Čupa nedra, kosu i lice.)* Odavde, gazdo!

ARSA

(odgurne je, ponova policaji): U zatvor! I kada Koštanu svatovi povedu, samo tad je pusti, da se s njom oprosti. A do tada ni vode, ni hleba, ništa! *(Odlazi.)*

SALČE

(kriči vijući se): Ne, gazdo! Šta učini? Kuku, aman, gazdo!

GRKLjAN

(rasplakano): Stari smo, gazdo! Za hleb ćemo bez nje da pomremo i izginemo!...

ČETVRTI ČIN

Ciganska mahala. Sniske ograđene kućice. Nigde zelenila već svuda gola, utapkana zemlja, izgoreo ugalj oko nakovanja i tocila, na motkama povešane čerge, istrcani jorgani, prljavo rublje. Iza njih primećuju se vinogradi kroz čiju sredinu vodi širok, prav peskovit drum. Iz daljine čuje se svirka svatovca. Docnije na drumu počnu da se naziru kola pokrivena arnjevima i iskićena peškirima. Ispred kola svatovi, banjski Cigani u njihovim belim čalmama oko glave i dugim kolijama. Sve se primiče tiho, sa svirkom svatovca. Ispred kolibe Koštanine kmet ciganski i Ahmet.

Dotrči Kurta.

KURTA

(radosno):

Idu, idu, svatovi!

KMET

(uplašen, utišavajući ga): Ćutite! *(Kurti):* Kurto, ti gore, na sokak i pazi! *(Kurta odlazi.)* A ti, Ahmete *(pokazujući na Koštaninu kućicu)*, ovde, pred vratima da si, i čuvaj je!

AHMET

KOŠTANA

(odlazi iza Koštanine kućice).

KMET

(ostaje, i svaki čas viri. Čas gleda u Koštaninu kolibu, čas na drum, sa kojega se čuje svirka. Hrabreći se): Idu, idu svatovi! *(Uplašeno, gledajući na Koštanina vrata.)* Oh, kad će već da je odvedu? Umreh od straha da ne pobegne!

Iz kućice izlazi Koštana.

KOŠTANA

Oh! *(S mukom pridržava se za vrata.)* Zar ja tamo? Za Asana, u selo, u Banju? Tamo? I ja nje gova, Asanova? *(Besno.)* Zar on moj muž? On? Oh! *(Grize ruke. Povodi se. Spazi kmeta, besno pođe k njemu.)* Šta ćeš? Koga čekaš? Čekaš da me odnesu, vode? Čekaš da gledaš kako me nose?

KMET

(uplašeno): Ne, Koštana, ne čekam! Neću da gledam. Nego, ne smem. Gazda predsednik ubiće mene ako tebe nema. Pa zato sam ovde. Moram da te čuvam. Ne smem da idem...

KOŠTANA

(besno): Čuvaš me? *(Stresa se.)* Bojiš se da ne bežim? *(Prkosno.)* Neću! Evo, neću! *(Seda.)* Eto, čuvaj me. Neću ja ništa. Sve hoću! Gde su? Neka me vode! Evo *(pokazuje na sebe):* i tel, i anterija, i libade, i kitajka... sve je gotovo! I srce, i oči, i snaga, sve za Asana, za selo, Banju! *(Prkosno klonulo.)* Tamo ću ja! *(Kida se rukama.)* Oh, tamo i oči da iskopam, kožu da oparim, snagu da osušim. *(Kida sa sebe odelo, lice, kosu.)*

KMET

(odstupa preneražen): Ne, bre, Koštana! Ne toliko! Evo idem! Ali ubiće me predsednik, ako te nema!... Ali opet idem. Samo ti nemoj toliko! A i Asan, dobar je — bogat je.

KOŠTANA

(poklapa lice rukama): Asan je!

KMET

Pa i on je čovek! *(Odlazi.)*

Čuje se bahat i sjahivanje konja.

Ulazi Stojan.

STOJAN

(iza sebe Marku, dajući mu dizgine i pušku): Drži konje i čekaj! *(Prilazi Koštani. Posrće od radosti.)* Košto, brzo! Hajde!

KOŠTANA

(Trza se): Ti?

STOJAN

Ja! *(Užasnuto):* Što me gledaš tako? Hajde! Brzo!

KOŠTANA

Kuda?

STOJAN

U svet, da ti mirišem kose, gledam oči, slušam glas, pesmu...

KOŠTANA

(zaradovana): Eh, zar me baš toliko voliš?

STOJAN

(zaneseno): Sve prežalih! I oca, mater, kuću! Hajde! Konji čekaju. Jedan za mene, drugi za tebe! I gde vidimo, tamo ćemo, *(ljubomorno)* samo ja i ti! Niko više!

KOŠTANA

KOŠTANA

Stojane!

STOJAN

(ljubomorno): Tebe, tebe samo! Da samo ja slušam tvoj glas, gledam tvoje oči, lice, snagu... Ko te samo pogleda, krv mu ispih!

KOŠTANA

(rasejano, neugodno): da... niko...

STOJAN

Niko! Ni Gospod! Ni otac, ni Mitka, ni predsednik, a kamo li policaja i panduri... Ko te pogleda, samo te vidi, reč ti kaže — toga je majka u crni povoj povijala! *(Besno.)* Zubima ću da ga rastrzam!

KOŠTANA

(odsečno, neugodno): Neću!

STOJAN

(zabezeknut): A?

KOŠTANA

(odlučno, zlovoljno): Neću! Zašta, kuda da bežim?

STOJAN

(posrće k njoj i vadi nož): Zar me ti ne voliš?

KOŠTANA

(uplašena, moli): Ne, Stojane! Ne ubij me! Ljubim te i molim! Nemoj! Bolna sam! Ne smem! Ne mogu! *(Krši ruke.)* Oh, šta ja mogu? *(Zlovoljno):* Ja, Ciganka! U Banju, u selo, tamo je moje! Tamo, na mokru zemlju, na goli kamen da sedim, da se sušim, da ginem, venem!... A kod tebe! Neću, ne smem...

KOŠTANA

STOJAN

(zaneseno, isprekidano):... »Na goli kamen,... da sedi, vene, gine... Ne sme... Neće... Ne može«...

KOŠTANA

Neću! Ne mogu! Kod tebe! Zar samo kod tebe? i samo hadžiju, oca tvoga i majku tvoju da dvorim i da služim? Da pred njima klečim i noge da im perem? Iz sobe da ne iziđem, već samo da sedim, ćutim, trpim? *(Izvan sebe.)* Oh! A kad noć padne, mesečina dođe, san ne hvata, oko se raširi, snaga razigra... šta onda?... Zar da se ne mrdnem, iz sobe ne iziđem, već samo tu da sedim, ćutim, gledam u mesečinu... A noć duboka, mesečina ide, greje, udara u čelo, glavu pali... Šta onda? *(Odlučno):* Oh, neću! Ubij me! Neću! Evo, ubij!

STOJAN

(odbija je rukom): A ne! *(Posrće, hvata se za čelo.)* Ih! A ja nju toliko voleo! i majku, oca, kuću bacio, samo nju gledao, na nju mislio!... A ona! *(Slomljeno viče Marku):* Marko! Idi i obraduj majku i kaži joj: *beše moje!* *(Koštani):* A ti? Kaži mi, da li si me bar kadgod volela, te da znam zašto ću da venem?

Larma, svirka svatovca jača. Čuje se krckanje kola, bat nogu.

STOJAN

(naginje se nad Koštanom): Kaži mi!

KOŠTANA

(besno): Nisam! Nikoga nisam volela! I nikad neću da volim!

STOJAN

(ubijeno): Oh! *(Odlazi).*

Ulazi policaja.

POLICAJA

KOŠTANA

(na ulazu, onima iza sebe): Dajte kola! Brzo! A ona? Ako samo pisne, kamdžijom ću kaiše s leđa da joj skidam! *(Ka Koštani):* A, gotova si? Hajde!

KOŠTANA

(ne gledajući ga): Gotova!

POLICAJA

(zamahuje kamdžijom): Ćut'! Sad ti kožu oderah! *(Viče):* Dajte kola!

Ulaze kola, panduri, Cigani, svatovi, sa svirkom.

KOŠTANA

(stresa se).

POLICAJA

(Koštani, pokazujući joj kamdžijom na kola): Hajde!

PANDUR

(policaji): Policajo, čekaj, sad će Salče, njenu majku, da dovedu, da se s njome oprosti.

KOŠTANA

(dršćući od straha i posrćući polazi u kolibu): Čekaj, čekaj da uzmem boščću... Oh! *(Ulazi u kolibu.)*

POLICAJA

(ide za njom i staje na vrata od kolibe): Samo brzo!

Dolazi Mitka.

MITKA

(peva):

KOŠTANA

Mehandži, more, mehandži,
Donesi vino, rakiju,
Da pijem, da se opijem,
Dertovi da si razbijem.

MITKA

(kad vidi kola, svatove, svirače, rukom ih zaustavlja): Stoj! Stojte!

POLICAJA

(uplašeno Mitki): Ne, gazdo. Šta ćeš sad da radiš?

MITKA

(zaustavlja): Stojte! Kude!

POLICAJA

(uplašeno, ponizno): Šta ćeš da radiš, gazdo? Nemoj, gazdo! Pijan si!

MITKA

(poteže jataganom na policaju): Nesam, bre, pijan! Nego — srce mi se iskubalo. Ništa neću da činim. *(Pokazuje na Koštanu.)* Došja sam da gu darujem.

POLICAJA, PANDURI,

kola, povlače se ponizno ispred Mitka.

POLICAJA

(jednom panduru): Trči i zovi predsednika!

PANDUR

(odlazi).

KOŠTANA

KOŠTANA

(istrči, i izvan sebe od radosti, razdragano, prilazi Mitki): Ti? Hvala! Aman! Oh, gazdo! Ne daj me, slatki gazdo! Ruku, nogu *(ljubi ga u ruke, saginje se i grli mu kolena.)*

MITKA

(zaustavlja je): Ne!

KOŠTANA

(trudeći se da mu noge celiva): Ako! Samo me ti ne daj, pa i zemlju gde ti stupneš i to ću da celivam. *(Očajno.)* Ne daj me, slatki gazdo! Vodi me tamo!

MITKA

(gleda je pogruženo): Kude, Koštan?

KOŠTANA

(očajno širi ruke napred): Tamo! Tamo!

MITKA

(bolno, pogruženo): I tamo zemlja i ovde zemlja!

KOŠTANA

(izvan sebe od očajanja, širi ruke više sebe, na sve strane): Tamo! Tamo!

MITKA

(pokazujući više sebe, na nebo): Zar gore? Gore je visoko, a dole — tvrdo!

KOŠTANA

(hvata se za glavu): Oh!...

MITKA

(iz dna grudi): To je, Koštana! Pisano! Suđenice ti dosudile. *(Pokazuje na kola, svatove.)* Ete, došli ti, da te vodiv, da se venčaš. I, će ideš, će se venčaš.

Svirke će ti sviriv, pesne će da ti pojev. Svi će da ti se radujev. Mladoženja će te celiva a ti će plačeš! I prva noć plakanje, druga noć plakanje i cel vek plakanje...

KOŠTANA

(grca).

MITKA

(nastavlja): I od rabotu ruke će ti ispucav, lice će ti pocrni, oči će ti se isušiv... Će prosiš, pa će se raniš!... Srce će da ti se iskida...

KOŠTANA

(stresa se): Dosta! Nemoj, gazdo!

MITKA

(zavaljuje se, gorko): Toj je! Zar ja ne znajem šta ide! Ide, Koštana, jesen, dom, kuća, brat moj, m'gla, i grobje... Toj ide. Tam ću i ja! I Koštan, k'd čuješ da sam umreja, sluzu da ne pustiš. Niko da me ne žali! Zašto, ja sam samoga sebe, za život moj, živoga ožalija i oplakaja.

KOŠTANA

(plače).

MITKA

(ganuto, prilazi joj): Nemoj da plačeš. Sluza ne pomaga! *(Kleče do nje i diže joj uplakanu glavu.)* Slušaj, batka šta će da ti zbori: Batka dete neje. Batka je mlogo videja, mlogo preko svoju glavu prefrljija. *(Pokazuje na zemlju.)* Odavde, Koštan, po tamo — nema! I cel vek toj je! Zar se ja ne podavah, ja ne držah? Aja! Moj brat, da me je na paran-parče sekaja, pa opet, ne bih mu se podaja. Ali pošto on moli i vika: ili da ga ubijem, ili da ga više po mehane ne sramotim i ne rezilim — e s's tuj njegovu molbu — zakla me. Ja, Koštan, u moj život još brobinjka nesam nagazija, a kamo li na brata ruku da dignem. Brat je brat! Jedno mleko smo sisali od našu slatku majčicu. I, bolje ja, nego on! Više u mehanu — ne! Vino — ne! Pesna — ne! Dom, uz ognjište! *(Barata po pojasu, tražeći kesu s novcem.)* I, s'g Koštan, ostaj mi s's zdravje! Srećan ti put!

Putuj! I ja ću da putujem! Doma ću, kući... I, živ iz njuma neću da iziđem. Mrtvoga će me iznesev... Aha, kamo batka da mi te daruje. *(Vadi iz kese novaca.)*

Pojavljuje se policaja s pandurima.

POLICAJA

(ponizno uplašeno Mitki): Gazdo, hajde!

MITKA

Čekaj, bre!

POLICAJA

Noć ide.

MITKA

Tvoja će noć da s'mne, a moja ne. Čekaj!

POLICAJA

(sa ostalima se povlači).

MITKA

(diže Koštanu, rasvešćuje je): Ajde, Koštan! Digni se, rasvesti! Ajde, svatovi te čekav, mladoženja te čeka. Digni se! Ne plači! Sluzu ne puštaj! Stegni srce i trpi! Bidni čovek; a čovek je samo za žal i za muku zdaden! *(Diže a suze mu teku, kaplju po rukama.)* Ajde! Idi!

KOŠTANA

(podiže se uplakana): Kuda?

MITKA

Zar mene pituješ kude će ideš? Zar ja da ti kazujem? Kude? Eh, kude ja, tuj i ti. Ja u moj dom, ti u tvoj! Ti plači, i ja ću plačem... Tebe čeka koliba, čerge, kučiki i prosenje; mene — kuća, ognjište, pepel, dim, žena zasukana i s's testo umrljana.

Približuju se kola, svatovi.

MITKA

(vadi novac i daje joj, reða po čelu, licu): Da te darujem, da ti dam... Da ti dam bele pare za crni dni. A crni dni ti doðoše! *(Pokazuje na kola, svatove.)* Eto ti gi! Sviriv! Radujev ti se: *(Besno, sviračima):* Svirite, bre! A s'g, ajde, ostaj mi s's zdravje! Zbogom! I ćuti, ne tuguj, ne plači! *(Pogruženo odlazi.)*

POLICAJA

(obradovan odlaskom Mitkinim poleti besno ka Koštani): Penji se, jer sada ću kamdžijom parčad kože sa leða da ti kidam. *(Pandurima):* Unosite je u kola.

KOŠTANA

(besno, gordo, odbija od sebe policaju, pandure): Sama ću! *(Polazi kolima.)*

Utrči Salče.

SALČE

(sva uplakana, usplahirena, grli i ljubi Koštanu): Čedo, čedo... Odvedoše mi te!

KOŠTANA

(odgurne Salče): Ćuti, stara. *(Penje se u kola.)*

SALČE

(ostaje onesveščena na zemlji.)

Koštanu u kolima, opkoljenu pandurima, svatovima i sa svirkom odvode drumom, koji vodi ka Banji i pri čijem kraju i sama se Banja nazire puna dima, magle i pare banjske.

www.ingramcontent.com/pod-product-compliance
Lightning Source LLC
Chambersburg PA
CBHW062154100526
44589CB00014B/1828